Renate Sültz & Uwe H. Sültz

Mein

Fahrtenbuch

BoD – Books on Demand

Norderstedt 2016

Bibliografische Information durch die Deutsche Nationalbibliothek

Die Deutsche Nationalbibliothek verzeichnet diese Publikation in der Deutschen Nationalbibliografie; detaillierte bibliografische Daten sind im Internet über http://dnb.dnb.de abrufbar.

Herstellung und Verlag:

BoD – Books on Demand, Norderstedt

ISBN 9-78383-9-17169-1

	Datum	Fahrzeit	km-Stand		
			Start	Stopp	Ziel
1					
2					
3					
4					
5					
6					
7					
8					
9					

	Anlass Beruf/Privat	Info/Zweck Besucht wurde:	Fahrer	Kosten
1				
2				
3				
4				
5				
6				
7				
8				
9				

	Datum	Fahrzeit	km-Stand		
			Start	Stopp	Ziel
1					
2					
3					
4					
5					
6					
7					
8					
9					

	Anlass Beruf/Privat	Info/Zweck Besucht wurde:	Fahrer	Kosten
1				
2				
3				
4				
5				
6				
7				
8				
9				

Datum	Fahrzeit	km-Stand		
		Start	Stopp	Ziel
1				
2				
3				
4				
5				
6				
7				
8				
9				

Anlass Beruf/Privat	Info/Zweck Besucht wurde:	Fahrer	Kosten
1			
2			
3			
4			
5			
6			
7			
8			
9			

	Datum	Fahrzeit	km-Stand Start	Stopp	Ziel
1					
2					
3					
4					
5					
6					
7					
8					
9					

	Anlass Beruf/Privat	Info/Zweck Besucht wurde:	Fahrer	Kosten
1				
2				
3				
4				
5				
6				
7				
8				
9				

	Datum	Fahrzeit	km-Stand		
			Start	Stopp	Ziel
1					
2					
3					
4					
5					
6					
7					
8					
9					

	Anlass Beruf/Privat	Info/Zweck Besucht wurde:	Fahrer	Kosten
1				
2				
3				
4				
5				
6				
7				
8				
9				

	Datum	Fahrzeit	km-Stand Start	Stopp	Ziel
1					
2					
3					
4					
5					
6					
7					
8					
9					

	Anlass Beruf/Privat	Info/Zweck Besucht wurde:	Fahrer	Kosten
1				
2				
3				
4				
5				
6				
7				
8				
9				

	Datum	Fahrzeit	km-Stand		
			Start	Stopp	Ziel
1					
2					
3					
4					
5					
6					
7					
8					
9					

	Anlass Beruf/Privat	Info/Zweck Besucht wurde:	Fahrer	Kosten
1				
2				
3				
4				
5				
6				
7				
8				
9				

	Datum	Fahrzeit	km-Stand		
			Start	Stopp	Ziel
1					
2					
3					
4					
5					
6					
7					
8					
9					

	Anlass Beruf/Privat	Info/Zweck Besucht wurde:	Fahrer	Kosten
1				
2				
3				
4				
5				
6				
7				
8				
9				

	Datum	Fahrzeit	km-Stand		
			Start	Stopp	Ziel
1					
2					
3					
4					
5					
6					
7					
8					
9					

	Anlass Beruf/Privat	Info/Zweck Besucht wurde:	Fahrer	Kosten
1				
2				
3				
4				
5				
6				
7				
8				
9				

	Datum	Fahrzeit	km-Stand		
			Start	Stopp	Ziel
1					
2					
3					
4					
5					
6					
7					
8					
9					

	Anlass Beruf/Privat	Info/Zweck Besucht wurde:	Fahrer	Kosten
1				
2				
3				
4				
5				
6				
7				
8				
9				

	Datum	Fahrzeit	km-Stand		
			Start	Stopp	Ziel
1					
2					
3					
4					
5					
6					
7					
8					
9					

	Anlass Beruf/Privat	Info/Zweck Besucht wurde:	Fahrer	Kosten
1				
2				
3				
4				
5				
6				
7				
8				
9				

	Datum	Fahrzeit	km-Stand		
			Start	Stopp	Ziel
1					
2					
3					
4					
5					
6					
7					
8					
9					

	Anlass Beruf-/Privat	Info/Zweck Besucht wurde:	Fahrer	Kosten
1				
2				
3				
4				
5				
6				
7				
8				
9				

	Datum	Fahrzeit	km-Stand		
			Start	Stopp	Ziel
1					
2					
3					
4					
5					
6					
7					
8					
9					

	Anlass Beruf/Privat	Info/Zweck Besucht wurde:	Fahrer	Kosten
1				
2				
3				
4				
5				
6				
7				
8				
9				

	Datum	Fahrzeit	km-Stand		
			Start	Stopp	Ziel
1					
2					
3					
4					
5					
6					
7					
8					
9					

	Anlass	Info/Zweck	Fahrer	Kosten
	Beruf/Privat	Besucht wurde:		
1				
2				
3				
4				
5				
6				
7				
8				
9				

	Datum	Fahrzeit	km-Stand Start	Stopp	Ziel
1					
2					
3					
4					
5					
6					
7					
8					
9					

	Anlass Beruf/Privat	Info/Zweck Besucht wurde:	Fahrer	Kosten
1				
2				
3				
4				
5				
6				
7				
8				
9				

	Datum	Fahrzeit	km-Stand Start	Stopp	Ziel
1					
2					
3					
4					
5					
6					
7					
8					
9					

	Anlass Beruf/Privat	Info/Zweck Besucht wurde:	Fahrer	Kosten
1				
2				
3				
4				
5				
6				
7				
8				
9				

	Datum	Fahrzeit	km-Stand		
			Start	Stopp	Ziel
1					
2					
3					
4					
5					
6					
7					
8					
9					

	Anlass Beruf/Privat	Info/Zweck Besucht wurde:	Fahrer	Kosten
1				
2				
3				
4				
5				
6				
7				
8				
9				

	Datum	Fahrzeit	km-Stand		
			Start	Stopp	Ziel
1					
2					
3					
4					
5					
6					
7					
8					
9					

	Anlass Beruf/Privat	Info/Zweck Besucht wurde:	Fahrer	Kosten
1				
2				
3				
4				
5				
6				
7				
8				
9				

	Datum	Fahrzeit	km-Stand		
			Start	Stopp	Ziel
1					
2					
3					
4					
5					
6					
7					
8					
9					

	Anlass Beruf/Privat	Info/Zweck Besucht wurde:	Fahrer	Kosten
1				
2				
3				
4				
5				
6				
7				
8				
9				

	Datum	Fahrzeit	km-Stand		
			Start	Stopp	Ziel
1					
2					
3					
4					
5					
6					
7					
8					
9					

	Anlass Beruf-/Privat	Info/Zweck Besucht wurde:	Fahrer	Kosten
1				
2				
3				
4				
5				
6				
7				
8				
9				

	Datum	Fahrzeit	km-Stand		
			Start	Stopp	Ziel
1					
2					
3					
4					
5					
6					
7					
8					
9					

	Anlass Beruf/Privat	Info/Zweck Besucht wurde:	Fahrer	Kosten
1				
2				
3				
4				
5				
6				
7				
8				
9				

	Datum	Fahrzeit	km-Stand		
			Start	Stopp	Ziel
1					
2					
3					
4					
5					
6					
7					
8					
9					

	Anlass Beruf/Privat	Info/Zweck Besucht wurde:	Fahrer	Kosten
1				
2				
3				
4				
5				
6				
7				
8				
9				

	Datum	Fahrzeit	km-Stand		
			Start	Stopp	Ziel
1					
2					
3					
4					
5					
6					
7					
8					
9					

	Anlass Beruf/Privat	Info/Zweck Besucht wurde:	Fahrer	Kosten
1				
2				
3				
4				
5				
6				
7				
8				
9				

	Datum	Fahrzeit	km-Stand		
			Start	Stopp	Ziel
1					
2					
3					
4					
5					
6					
7					
8					
9					

	Anlass Beruf/Privat	Info/Zweck Besucht wurde:	Fahrer	Kosten
1				
2				
3				
4				
5				
6				
7				
8				
9				

	Datum	Fahrzeit	km-Stand		
			Start	Stopp	Ziel
1					
2					
3					
4					
5					
6					
7					
8					
9					

	Anlass Beruf/Privat	Info/Zweck Besucht wurde:	Fahrer	Kosten
1				
2				
3				
4				
5				
6				
7				
8				
9				

	Datum	Fahrzeit	km-Stand		
			Start	Stopp	Ziel
1					
2					
3					
4					
5					
6					
7					
8					
9					

	Anlass Beruf/Privat	Info/Zweck Besucht wurde:	Fahrer	Kosten
1				
2				
3				
4				
5				
6				
7				
8				
9				

	Datum	Fahrzeit	km-Stand		
			Start	Stopp	Ziel
1					
2					
3					
4					
5					
6					
7					
8					
9					

	Anlass Beruf/Privat	Info/Zweck Besucht wurde:	Fahrer	Kosten
1				
2				
3				
4				
5				
6				
7				
8				
9				

	Datum	Fahrzeit	km-Stand		
			Start	Stopp	Ziel
1					
2					
3					
4					
5					
6					
7					
8					
9					

	Anlass Beruf/Privat	Info/Zweck Besucht wurde:	Fahrer	Kosten
1				
2				
3				
4				
5				
6				
7				
8				
9				

	Datum	Fahrzeit	km-Stand		
			Start	Stopp	Ziel
1					
2					
3					
4					
5					
6					
7					
8					
9					

	Anlass Beruf/Privat	Info/Zweck Besucht wurde:	Fahrer	Kosten
1				
2				
3				
4				
5				
6				
7				
8				
9				

<table>
<tr><td></td><td>Datum</td><td>Fahrzeit</td><td colspan="3">km-Stand</td></tr>
<tr><td></td><td></td><td></td><td>Start</td><td>Stopp</td><td>Ziel</td></tr>
<tr><td>1</td><td></td><td></td><td></td><td></td><td></td></tr>
<tr><td>2</td><td></td><td></td><td></td><td></td><td></td></tr>
<tr><td>3</td><td></td><td></td><td></td><td></td><td></td></tr>
<tr><td>4</td><td></td><td></td><td></td><td></td><td></td></tr>
<tr><td>5</td><td></td><td></td><td></td><td></td><td></td></tr>
<tr><td>6</td><td></td><td></td><td></td><td></td><td></td></tr>
<tr><td>7</td><td></td><td></td><td></td><td></td><td></td></tr>
<tr><td>8</td><td></td><td></td><td></td><td></td><td></td></tr>
<tr><td>9</td><td></td><td></td><td></td><td></td><td></td></tr>
</table>

<table>
<tr><td></td><td>Anlass
Beruf/Privat</td><td>Info/Zweck
Besucht wurde:</td><td>Fahrer</td><td>Kosten</td></tr>
<tr><td>1</td><td></td><td></td><td></td><td></td></tr>
<tr><td>2</td><td></td><td></td><td></td><td></td></tr>
<tr><td>3</td><td></td><td></td><td></td><td></td></tr>
<tr><td>4</td><td></td><td></td><td></td><td></td></tr>
<tr><td>5</td><td></td><td></td><td></td><td></td></tr>
<tr><td>6</td><td></td><td></td><td></td><td></td></tr>
<tr><td>7</td><td></td><td></td><td></td><td></td></tr>
<tr><td>8</td><td></td><td></td><td></td><td></td></tr>
<tr><td>9</td><td></td><td></td><td></td><td></td></tr>
</table>

	Datum	Fahrzeit	km-Stand		
			Start	Stopp	Ziel
1					
2					
3					
4					
5					
6					
7					
8					
9					

	Anlass Beruf/Privat	Info/Zweck Besucht wurde:	Fahrer	Kosten
1				
2				
3				
4				
5				
6				
7				
8				
9				

	Datum	Fahrzeit	km-Stand Start	Stopp	Ziel
1					
2					
3					
4					
5					
6					
7					
8					
9					

	Anlass Beruf/Privat	Info/Zweck Besucht wurde:	Fahrer	Kosten
1				
2				
3				
4				
5				
6				
7				
8				
9				

	Datum	Fahrzeit	km-Stand		
			Start	Stopp	Ziel
1					
2					
3					
4					
5					
6					
7					
8					
9					

	Anlass Beruf/Privat	Info/Zweck Besucht wurde:	Fahrer	Kosten
1				
2				
3				
4				
5				
6				
7				
8				
9				

	Datum	Fahrzeit	km-Stand		
			Start	Stopp	Ziel
1					
2					
3					
4					
5					
6					
7					
8					
9					

	Anlass Beruf/Privat	Info/Zweck Besucht wurde:	Fahrer	Kosten
1				
2				
3				
4				
5				
6				
7				
8				
9				

	Datum	Fahrzeit	km-Stand		
			Start	Stopp	Ziel
1					
2					
3					
4					
5					
6					
7					
8					
9					

	Anlass Beruf/Privat	Info/Zweck Besucht wurde:	Fahrer	Kosten
1				
2				
3				
4				
5				
6				
7				
8				
9				

	Datum	Fahrzeit	km-Stand		
			Start	Stopp	Ziel
1					
2					
3					
4					
5					
6					
7					
8					
9					

	Anlass Beruf/Privat	Info/Zweck Besucht wurde:	Fahrer	Kosten
1				
2				
3				
4				
5				
6				
7				
8				
9				

	Datum	Fahrzeit	km-Stand		
			Start	Stopp	Ziel
1					
2					
3					
4					
5					
6					
7					
8					
9					

	Anlass Beruf/Privat	Info/Zweck Besucht wurde:	Fahrer	Kosten
1				
2				
3				
4				
5				
6				
7				
8				
9				

	Datum	Fahrzeit	km-Stand		
			Start	Stopp	Ziel
1					
2					
3					
4					
5					
6					
7					
8					
9					

	Anlass Beruf/Privat	Info/Zweck Besucht wurde:	Fahrer	Kosten
1				
2				
3				
4				
5				
6				
7				
8				
9				

<table>
<tr><th></th><th>Datum</th><th>Fahrzeit</th><th colspan="3">km-Stand</th></tr>
<tr><th></th><th></th><th></th><th>Start</th><th>Stopp</th><th>Ziel</th></tr>
<tr><td>1</td><td></td><td></td><td></td><td></td><td></td></tr>
<tr><td>2</td><td></td><td></td><td></td><td></td><td></td></tr>
<tr><td>3</td><td></td><td></td><td></td><td></td><td></td></tr>
<tr><td>4</td><td></td><td></td><td></td><td></td><td></td></tr>
<tr><td>5</td><td></td><td></td><td></td><td></td><td></td></tr>
<tr><td>6</td><td></td><td></td><td></td><td></td><td></td></tr>
<tr><td>7</td><td></td><td></td><td></td><td></td><td></td></tr>
<tr><td>8</td><td></td><td></td><td></td><td></td><td></td></tr>
<tr><td>9</td><td></td><td></td><td></td><td></td><td></td></tr>
</table>

<table>
<tr><th></th><th>Anlass
Beruf/Privat</th><th>Info/Zweck
Besucht wurde:</th><th>Fahrer</th><th>Kosten</th></tr>
<tr><td>1</td><td></td><td></td><td></td><td></td></tr>
<tr><td>2</td><td></td><td></td><td></td><td></td></tr>
<tr><td>3</td><td></td><td></td><td></td><td></td></tr>
<tr><td>4</td><td></td><td></td><td></td><td></td></tr>
<tr><td>5</td><td></td><td></td><td></td><td></td></tr>
<tr><td>6</td><td></td><td></td><td></td><td></td></tr>
<tr><td>7</td><td></td><td></td><td></td><td></td></tr>
<tr><td>8</td><td></td><td></td><td></td><td></td></tr>
<tr><td>9</td><td></td><td></td><td></td><td></td></tr>
</table>

	Datum	Fahrzeit	km-Stand Start	Stopp	Ziel
1					
2					
3					
4					
5					
6					
7					
8					
9					

	Anlass Beruf/Privat	Info/Zweck Besucht wurde:	Fahrer	Kosten
1				
2				
3				
4				
5				
6				
7				
8				
9				

	Datum	Fahrzeit	km-Stand		
			Start	Stopp	Ziel
1					
2					
3					
4					
5					
6					
7					
8					
9					

	Anlass Beruf/Privat	Info/Zweck Besucht wurde:	Fahrer	Kosten
1				
2				
3				
4				
5				
6				
7				
8				
9				

| | Datum | Fahrzeit | km-Stand | | |
			Start	Stopp	Ziel
1					
2					
3					
4					
5					
6					
7					
8					
9					

	Anlass Beruf/Privat	Info/Zweck Besucht wurde:	Fahrer	Kosten
1				
2				
3				
4				
5				
6				
7				
8				
9				

	Datum	Fahrzeit	km-Stand		
			Start	Stopp	Ziel
1					
2					
3					
4					
5					
6					
7					
8					
9					

	Anlass Beruf/Privat	Info/Zweck Besucht wurde:	Fahrer	Kosten
1				
2				
3				
4				
5				
6				
7				
8				
9				

	Datum	Fahrzeit	km-Stand		
			Start	Stopp	Ziel
1					
2					
3					
4					
5					
6					
7					
8					
9					

	Anlass Beruf/Privat	Info/Zweck Besucht wurde:	Fahrer	Kosten
1				
2				
3				
4				
5				
6				
7				
8				
9				

	Datum	Fahrzeit	km-Stand		
			Start	Stopp	Ziel
1					
2					
3					
4					
5					
6					
7					
8					
9					

	Anlass Beruf/Privat	Info/Zweck Besucht wurde:	Fahrer	Kosten
1				
2				
3				
4				
5				
6				
7				
8				
9				

	Datum	Fahrzeit	km-Stand Start	Stopp	Ziel
1					
2					
3					
4					
5					
6					
7					
8					
9					

	Anlass Beruf-/Privat	Info/Zweck Besucht wurde:	Fahrer	Kosten
1				
2				
3				
4				
5				
6				
7				
8				
9				

	Datum	Fahrzeit	km-Stand		
			Start	Stopp	Ziel
1					
2					
3					
4					
5					
6					
7					
8					
9					

	Anlass Beruf/Privat	Info/Zweck Besucht wurde:	Fahrer	Kosten
1				
2				
3				
4				
5				
6				
7				
8				
9				

	Datum	Fahrzeit	km-Stand		
			Start	Stopp	Ziel
1					
2					
3					
4					
5					
6					
7					
8					
9					

	Anlass Beruf-/Privat	Info/Zweck Besucht wurde:	Fahrer	Kosten
1				
2				
3				
4				
5				
6				
7				
8				
9				

	Datum	Fahrzeit	km-Stand		
			Start	Stopp	Ziel
1					
2					
3					
4					
5					
6					
7					
8					
9					

	Anlass Beruf/Privat	Info/Zweck Besucht wurde:	Fahrer	Kosten
1				
2				
3				
4				
5				
6				
7				
8				
9				

	Datum	Fahrzeit	km-Stand		
			Start	Stopp	Ziel
1					
2					
3					
4					
5					
6					
7					
8					
9					

	Anlass Beruf/Privat	Info/Zweck Besucht wurde:	Fahrer	Kosten
1				
2				
3				
4				
5				
6				
7				
8				
9				

	Datum	Fahrzeit	km-Stand		
			Start	Stopp	Ziel
1					
2					
3					
4					
5					
6					
7					
8					
9					

	Anlass Beruf/Privat	Info/Zweck Besucht wurde:	Fahrer	Kosten
1				
2				
3				
4				
5				
6				
7				
8				
9				

	Datum	Fahrzeit	km-Stand		
			Start	Stopp	Ziel
1					
2					
3					
4					
5					
6					
7					
8					
9					

	Anlass Beruf/Privat	Info/Zweck Besucht wurde:	Fahrer	Kosten
1				
2				
3				
4				
5				
6				
7				
8				
9				

	Datum	Fahrzeit	km-Stand		
			Start	Stopp	Ziel
1					
2					
3					
4					
5					
6					
7					
8					
9					

	Anlass Beruf/Privat	Info/Zweck Besucht wurde:	Fahrer	Kosten
1				
2				
3				
4				
5				
6				
7				
8				
9				

	Datum	Fahrzeit	km-Stand Start	Stopp	Ziel
1					
2					
3					
4					
5					
6					
7					
8					
9					

	Anlass Beruf/Privat	Info/Zweck Besucht wurde:	Fahrer	Kosten
1				
2				
3				
4				
5				
6				
7				
8				
9				

	Datum	Fahrzeit	km-Stand		
			Start	Stopp	Ziel
1					
2					
3					
4					
5					
6					
7					
8					
9					

	Anlass Beruf/Privat	Info/Zweck Besucht wurde:	Fahrer	Kosten
1				
2				
3				
4				
5				
6				
7				
8				
9				

| | Datum | Fahrzeit | km-Stand | | |
			Start	Stopp	Ziel
1					
2					
3					
4					
5					
6					
7					
8					
9					

	Anlass Beruf/Privat	Info/Zweck Besucht wurde:	Fahrer	Kosten
1				
2				
3				
4				
5				
6				
7				
8				
9				

	Datum	Fahrzeit	km-Stand		
			Start	Stopp	Ziel
1					
2					
3					
4					
5					
6					
7					
8					
9					

	Anlass Beruf/Privat	Info/Zweck Besucht wurde:	Fahrer	Kosten
1				
2				
3				
4				
5				
6				
7				
8				
9				

	Datum	Fahrzeit	km-Stand		
			Start	Stopp	Ziel
1					
2					
3					
4					
5					
6					
7					
8					
9					

	Anlass Beruf/Privat	Info/Zweck Besucht wurde:	Fahrer	Kosten
1				
2				
3				
4				
5				
6				
7				
8				
9				

<table>
<tr><td></td><td>Datum</td><td>Fahrzeit</td><td colspan="3">km-Stand</td></tr>
<tr><td></td><td></td><td></td><td>Start</td><td>Stopp</td><td>Ziel</td></tr>
<tr><td>1</td><td></td><td></td><td></td><td></td><td></td></tr>
<tr><td>2</td><td></td><td></td><td></td><td></td><td></td></tr>
<tr><td>3</td><td></td><td></td><td></td><td></td><td></td></tr>
<tr><td>4</td><td></td><td></td><td></td><td></td><td></td></tr>
<tr><td>5</td><td></td><td></td><td></td><td></td><td></td></tr>
<tr><td>6</td><td></td><td></td><td></td><td></td><td></td></tr>
<tr><td>7</td><td></td><td></td><td></td><td></td><td></td></tr>
<tr><td>8</td><td></td><td></td><td></td><td></td><td></td></tr>
<tr><td>9</td><td></td><td></td><td></td><td></td><td></td></tr>
</table>

<table>
<tr><td></td><td>Anlass
Beruf/Privat</td><td>Info/Zweck
Besucht wurde:</td><td>Fahrer</td><td>Kosten</td></tr>
<tr><td>1</td><td></td><td></td><td></td><td></td></tr>
<tr><td>2</td><td></td><td></td><td></td><td></td></tr>
<tr><td>3</td><td></td><td></td><td></td><td></td></tr>
<tr><td>4</td><td></td><td></td><td></td><td></td></tr>
<tr><td>5</td><td></td><td></td><td></td><td></td></tr>
<tr><td>6</td><td></td><td></td><td></td><td></td></tr>
<tr><td>7</td><td></td><td></td><td></td><td></td></tr>
<tr><td>8</td><td></td><td></td><td></td><td></td></tr>
<tr><td>9</td><td></td><td></td><td></td><td></td></tr>
</table>

	Datum	Fahrzeit	km-Stand		
			Start	Stopp	Ziel
1					
2					
3					
4					
5					
6					
7					
8					
9					

	Anlass Beruf/Privat	Info/Zweck Besucht wurde:	Fahrer	Kosten
1				
2				
3				
4				
5				
6				
7				
8				
9				

	Datum	Fahrzeit	km-Stand		
			Start	Stopp	Ziel
1					
2					
3					
4					
5					
6					
7					
8					
9					

	Anlass Beruf/Privat	Info/Zweck Besucht wurde:	Fahrer	Kosten
1				
2				
3				
4				
5				
6				
7				
8				
9				

	Datum	Fahrzeit	km-Stand Start	Stopp	Ziel
1					
2					
3					
4					
5					
6					
7					
8					
9					

	Anlass Beruf/Privat	Info/Zweck Besucht wurde:	Fahrer	Kosten
1				
2				
3				
4				
5				
6				
7				
8				
9				

	Datum	Fahrzeit	km-Stand		
			Start	Stopp	Ziel
1					
2					
3					
4					
5					
6					
7					
8					
9					

	Anlass Beruf/Privat	Info/Zweck Besucht wurde:	Fahrer	Kosten
1				
2				
3				
4				
5				
6				
7				
8				
9				

	Datum	Fahrzeit	km-Stand		
			Start	Stopp	Ziel
1					
2					
3					
4					
5					
6					
7					
8					
9					

	Anlass Beruf/Privat	Info/Zweck Besucht wurde:	Fahrer	Kosten
1				
2				
3				
4				
5				
6				
7				
8				
9				

	Datum	Fahrzeit	km-Stand Start	Stopp	Ziel
1					
2					
3					
4					
5					
6					
7					
8					
9					

	Anlass Beruf/Privat	Info/Zweck Besucht wurde:	Fahrer	Kosten
1				
2				
3				
4				
5				
6				
7				
8				
9				

	Datum	Fahrzeit	km-Stand		
			Start	Stopp	Ziel
1					
2					
3					
4					
5					
6					
7					
8					
9					

	Anlass Beruf/Privat	Info/Zweck Besucht wurde:	Fahrer	Kosten
1				
2				
3				
4				
5				
6				
7				
8				
9				

	Datum	Fahrzeit	km-Stand		
			Start	Stopp	Ziel
1					
2					
3					
4					
5					
6					
7					
8					
9					

	Anlass Beruf/Privat	Info/Zweck Besucht wurde:	Fahrer	Kosten
1				
2				
3				
4				
5				
6				
7				
8				
9				

	Datum	Fahrzeit	km-Stand		
			Start	Stopp	Ziel
1					
2					
3					
4					
5					
6					
7					
8					
9					

	Anlass Beruf/Privat	Info/Zweck Besucht wurde:	Fahrer	Kosten
1				
2				
3				
4				
5				
6				
7				
8				
9				

	Datum	Fahrzeit	km-Stand		
			Start	Stopp	Ziel
1					
2					
3					
4					
5					
6					
7					
8					
9					

	Anlass Beruf/Privat	Info/Zweck Besucht wurde:	Fahrer	Kosten
1				
2				
3				
4				
5				
6				
7				
8				
9				

	Datum	Fahrzeit	km-Stand Start	Stopp	Ziel
1					
2					
3					
4					
5					
6					
7					
8					
9					

	Anlass Beruf/Privat	Info/Zweck Besucht wurde:	Fahrer	Kosten
1				
2				
3				
4				
5				
6				
7				
8				
9				

	Datum	Fahrzeit	km-Stand		
			Start	Stopp	Ziel
1					
2					
3					
4					
5					
6					
7					
8					
9					

	Anlass Beruf/Privat	Info/Zweck Besucht wurde:	Fahrer	Kosten
1				
2				
3				
4				
5				
6				
7				
8				
9				

	Datum	Fahrzeit	km-Stand Start	Stopp	Ziel
1					
2					
3					
4					
5					
6					
7					
8					
9					

	Anlass Beruf/Privat	Info/Zweck Besucht wurde:	Fahrer	Kosten
1				
2				
3				
4				
5				
6				
7				
8				
9				

	Datum	Fahrzeit	km-Stand		
			Start	Stopp	Ziel
1					
2					
3					
4					
5					
6					
7					
8					
9					

	Anlass Beruf/Privat	Info/Zweck Besucht wurde:	Fahrer	Kosten
1				
2				
3				
4				
5				
6				
7				
8				
9				

	Datum	Fahrzeit	km-Stand		
			Start	Stopp	Ziel
1					
2					
3					
4					
5					
6					
7					
8					
9					

	Anlass Beruf/Privat	Info/Zweck Besucht wurde:	Fahrer	Kosten
1				
2				
3				
4				
5				
6				
7				
8				
9				

	Datum	Fahrzeit	km-Stand		
			Start	Stopp	Ziel
1					
2					
3					
4					
5					
6					
7					
8					
9					

	Anlass Beruf/Privat	Info/Zweck Besucht wurde:	Fahrer	Kosten
1				
2				
3				
4				
5				
6				
7				
8				
9				

	Datum	Fahrzeit	km-Stand		
			Start	Stopp	Ziel
1					
2					
3					
4					
5					
6					
7					
8					
9					

	Anlass Beruf/Privat	Info/Zweck Besucht wurde:	Fahrer	Kosten
1				
2				
3				
4				
5				
6				
7				
8				
9				

	Datum	Fahrzeit	km-Stand		
			Start	Stopp	Ziel
1					
2					
3					
4					
5					
6					
7					
8					
9					

	Anlass Beruf/Privat	Info/Zweck Besucht wurde:	Fahrer	Kosten
1				
2				
3				
4				
5				
6				
7				
8				
9				

	Datum	Fahrzeit	km-Stand Start	Stopp	Ziel
1					
2					
3					
4					
5					
6					
7					
8					
9					

	Anlass Beruf/Privat	Info/Zweck Besucht wurde:	Fahrer	Kosten
1				
2				
3				
4				
5				
6				
7				
8				
9				

	Datum	Fahrzeit	km-Stand		
			Start	Stopp	Ziel
1					
2					
3					
4					
5					
6					
7					
8					
9					

	Anlass Beruf/Privat	Info/Zweck Besucht wurde:	Fahrer	Kosten
1				
2				
3				
4				
5				
6				
7				
8				
9				

	Datum	Fahrzeit	km-Stand		
			Start	Stopp	Ziel
1					
2					
3					
4					
5					
6					
7					
8					
9					

	Anlass Beruf/Privat	Info/Zweck Besucht wurde:	Fahrer	Kosten
1				
2				
3				
4				
5				
6				
7				
8				
9				

	Datum	Fahrzeit	km-Stand Start	Stopp	Ziel
1					
2					
3					
4					
5					
6					
7					
8					
9					

	Anlass Beruf/Privat	Info/Zweck Besucht wurde:	Fahrer	Kosten
1				
2				
3				
4				
5				
6				
7				
8				
9				

	Datum	Fahrzeit	km-Stand		
			Start	Stopp	Ziel
1					
2					
3					
4					
5					
6					
7					
8					
9					

	Anlass Beruf/Privat	Info/Zweck Besucht wurde:	Fahrer	Kosten
1				
2				
3				
4				
5				
6				
7				
8				
9				

	Datum	Fahrzeit	km-Stand		
			Start	Stopp	Ziel
1					
2					
3					
4					
5					
6					
7					
8					
9					

	Anlass Beruf/Privat	Info/Zweck Besucht wurde:	Fahrer	Kosten
1				
2				
3				
4				
5				
6				
7				
8				
9				

	Datum	Fahrzeit	km-Stand		
			Start	Stopp	Ziel
1					
2					
3					
4					
5					
6					
7					
8					
9					

	Anlass Beruf/Privat	Info/Zweck Besucht wurde:	Fahrer	Kosten
1				
2				
3				
4				
5				
6				
7				
8				
9				

	Datum	Fahrzeit	km-Stand		
			Start	Stopp	Ziel
1					
2					
3					
4					
5					
6					
7					
8					
9					

	Anlass Beruf/Privat	Info/Zweck Besucht wurde:	Fahrer	Kosten
1				
2				
3				
4				
5				
6				
7				
8				
9				

	Datum	Fahrzeit	km-Stand		
			Start	Stopp	Ziel
1					
2					
3					
4					
5					
6					
7					
8					
9					

	Anlass Beruf/Privat	Info/Zweck Besucht wurde:	Fahrer	Kosten
1				
2				
3				
4				
5				
6				
7				
8				
9				

	Datum	Fahrzeit	km-Stand		
			Start	Stopp	Ziel
1					
2					
3					
4					
5					
6					
7					
8					
9					

	Anlass Beruf/Privat	Info/Zweck Besucht wurde:	Fahrer	Kosten
1				
2				
3				
4				
5				
6				
7				
8				
9				

	Datum	Fahrzeit	km-Stand		
			Start	Stopp	Ziel
1					
2					
3					
4					
5					
6					
7					
8					
9					

	Anlass Beruf/Privat	Info/Zweck Besucht wurde:	Fahrer	Kosten
1				
2				
3				
4				
5				
6				
7				
8				
9				

	Datum	Fahrzeit	km-Stand		
			Start	Stopp	Ziel
1					
2					
3					
4					
5					
6					
7					
8					
9					

	Anlass Beruf/Privat	Info/Zweck Besucht wurde:	Fahrer	Kosten
1				
2				
3				
4				
5				
6				
7				
8				
9				

	Datum	Fahrzeit	km-Stand		
			Start	Stopp	Ziel
1					
2					
3					
4					
5					
6					
7					
8					
9					

	Anlass Beruf/Privat	Info/Zweck Besucht wurde:	Fahrer	Kosten
1				
2				
3				
4				
5				
6				
7				
8				
9				

	Datum	Fahrzeit	km-Stand		
			Start	Stopp	Ziel
1					
2					
3					
4					
5					
6					
7					
8					
9					

	Anlass Beruf/Privat	Info/Zweck Besucht wurde:	Fahrer	Kosten
1				
2				
3				
4				
5				
6				
7				
8				
9				

	Datum	Fahrzeit	km-Stand		
			Start	Stopp	Ziel
1					
2					
3					
4					
5					
6					
7					
8					
9					

	Anlass Beruf/Privat	Info/Zweck Besucht wurde:	Fahrer	Kosten
1				
2				
3				
4				
5				
6				
7				
8				
9				

	Datum	Fahrzeit	km-Stand		
			Start	Stopp	Ziel
1					
2					
3					
4					
5					
6					
7					
8					
9					

	Anlass Beruf/Privat	Info/Zweck Besucht wurde:	Fahrer	Kosten
1				
2				
3				
4				
5				
6				
7				
8				
9				

	Datum	Fahrzeit	km-Stand		
			Start	Stopp	Ziel
1					
2					
3					
4					
5					
6					
7					
8					
9					

	Anlass Beruf/Privat	Info/Zweck Besucht wurde:	Fahrer	Kosten
1				
2				
3				
4				
5				
6				
7				
8				
9				

	Datum	Fahrzeit	km-Stand		
			Start	Stopp	Ziel
1					
2					
3					
4					
5					
6					
7					
8					
9					

	Anlass Beruf/Privat	Info/Zweck Besucht wurde:	Fahrer	Kosten
1				
2				
3				
4				
5				
6				
7				
8				
9				

	Datum	Fahrzeit	km-Stand		
			Start	Stopp	Ziel
1					
2					
3					
4					
5					
6					
7					
8					
9					

	Anlass Beruf/Privat	Info/Zweck Besucht wurde:	Fahrer	Kosten
1				
2				
3				
4				
5				
6				
7				
8				
9				

	Datum	Fahrzeit	km-Stand		
			Start	Stopp	Ziel
1					
2					
3					
4					
5					
6					
7					
8					
9					

	Anlass Beruf/Privat	Info/Zweck Besucht wurde:	Fahrer	Kosten
1				
2				
3				
4				
5				
6				
7				
8				
9				

<table>
<tr><th></th><th>Datum</th><th>Fahrzeit</th><th colspan="3">km-Stand</th></tr>
<tr><th></th><th></th><th></th><th>Start</th><th>Stopp</th><th>Ziel</th></tr>
<tr><td>1</td><td></td><td></td><td></td><td></td><td></td></tr>
<tr><td>2</td><td></td><td></td><td></td><td></td><td></td></tr>
<tr><td>3</td><td></td><td></td><td></td><td></td><td></td></tr>
<tr><td>4</td><td></td><td></td><td></td><td></td><td></td></tr>
<tr><td>5</td><td></td><td></td><td></td><td></td><td></td></tr>
<tr><td>6</td><td></td><td></td><td></td><td></td><td></td></tr>
<tr><td>7</td><td></td><td></td><td></td><td></td><td></td></tr>
<tr><td>8</td><td></td><td></td><td></td><td></td><td></td></tr>
<tr><td>9</td><td></td><td></td><td></td><td></td><td></td></tr>
</table>

<table>
<tr><th></th><th>Anlass
Beruf/Privat</th><th>Info/Zweck
Besucht wurde:</th><th>Fahrer</th><th>Kosten</th></tr>
<tr><td>1</td><td></td><td></td><td></td><td></td></tr>
<tr><td>2</td><td></td><td></td><td></td><td></td></tr>
<tr><td>3</td><td></td><td></td><td></td><td></td></tr>
<tr><td>4</td><td></td><td></td><td></td><td></td></tr>
<tr><td>5</td><td></td><td></td><td></td><td></td></tr>
<tr><td>6</td><td></td><td></td><td></td><td></td></tr>
<tr><td>7</td><td></td><td></td><td></td><td></td></tr>
<tr><td>8</td><td></td><td></td><td></td><td></td></tr>
<tr><td>9</td><td></td><td></td><td></td><td></td></tr>
</table>

	Datum	Fahrzeit	km-Stand		
			Start	Stopp	Ziel
1					
2					
3					
4					
5					
6					
7					
8					
9					

	Anlass Beruf/Privat	Info/Zweck Besucht wurde:	Fahrer	Kosten
1				
2				
3				
4				
5				
6				
7				
8				
9				

	Datum	Fahrzeit	km-Stand		
			Start	Stopp	Ziel
1					
2					
3					
4					
5					
6					
7					
8					
9					

	Anlass Beruf/Privat	Info/Zweck Besucht wurde:	Fahrer	Kosten
1				
2				
3				
4				
5				
6				
7				
8				
9